NOTICE SUR UN ENFANT D'INDRET

NOTE DE L'ÉDITEUR.

Cette Notice, écrite depuis bientôt trois ans, devait être purement confidentielle. Quelqu'un ayant cru qu'elle pouvait produire du bien si elle était publiée, a demandé à M. le Curé d'Indret la permission de la faire imprimer, et il s'est rendu très-volontiers à cette prière.

NOTICE

SUR

UN ENFANT D'INDRET

MORT A L'AGE DE 8 ANS

NANTES

IMPRIMERIE BOURGINE, MASSEAUX ET COM
Rue Notre-Dame, 3, et rue St-Denis, 10.

—

1849

M. GUILLET

CURÉ D'INDRET

A M. L'ABBÉ FÉRET

Directeur du Grand-Séminaire de Nantes.

Indret, ce 13 janvier 1847.

Me autem propter innocentiam susce-
pisti, et confirmasti me in conspectu tuo
in æternum.
Benedictus Dominus Deus Israel à se-
culo, et usque in seculum : fiat! fiat !
(Ps. 40 , 13-14.)

Vous m'avez pris, Seigneur, sous votre protection, à cause de mon innocence; et vous m'avez établi et affermi pour toujours devant vous.

Que le Seigneur, le Dieu d'Israel, soit béni dans tous les siècles! Ainsi soit-il! ainsi soit-il! (Ps. 40, 13-14)

BIEN BON MONSIEUR FÉRET,

Je sais combien vous vous intéressez à l'œuvre de l'instruction des plus petits enfants dans les paroisses; combien vous désirez que les prêtres s'y attachent d'une

manière toute particulière, malgré les diffi-
cultés et les aridités qui accompagnent
souvent ce genre de ministère. Je crois
donc vous faire plaisir en vous racontant
la mort précieuse d'un de mes petits enfants,
qui vient de s'envoler ce matin dans le sein
de Dieu, avec tous les caractères d'un véri-
table prédestiné, parce que j'y vois un motif
de plus pour vous de recommander plus
instamment cette œuvre, comme c'en sera
un pour moi de m'y attacher avec plus de
zèle.

Sous l'impression des idées que vous aviez
eu la charité de nous inspirer pendant les
quelques années que j'ai eu la consolation
de passer près de vous, j'ai regardé comme
un devoir rigoureux de m'occuper spécia-
lement de l'instruction religieuse des plus
petits enfants de ma paroisse, pendant tout
le temps qui s'écoule depuis la première
communion jusqu'à la reprise du grand
catéchisme. J'ai vu avec grande consolation tous ces chers petits répondre à l'appel

Dès l'âge de trois à quatre ans ils accourent avec joie et grand empressement recevoir la divine Parole, que je tâche de proportionner à leur jeune intelligence ; et déjà le Seigneur m'en 'a fait recueillir les fruits. Car, les parents voyant que je regarde comme une fonction importante, d'instruire leurs enfants, même les plus petits, s'en occupent eux-mêmes sérieusement ; et, parmi quelques-uns surtout, le succès a surpassé mes espérances.

Tel a été Ernest-Jean-Baptiste Kermabon, charmant enfant de la plus heureuse nature que j'aie encore rencontrée, et qui vient de mourir, âgé de huit ans.

Quand je commençai les petits catéchismes, à mon arrivée dans la paroisse, il avait à peine six ans, et déjà j'étais tout étonné, non-seulement de son application et de son zèle à suivre les instructions, mais encore de la sagesse et de l'exactitude de ses réponses aux interrogations que je lui adressais. Comme il savait parfaitement lire , son bonheur était d'apprendre en particulier dans le grand Catéchisme ce qu'il n'avait vu qu'en abrégé dans le petit , et il le gravait si bien dans son esprit , que souvent , lorsque les enfants de la communion étaient embarrassés dans leurs réponses , je m'adressais à lui pour en avoir une plus exacte et plus sûre.

Rien n'était plus touchant que de voir ce tout petit enfant assister régulièrement à la grand'messe , à vêpres , au catéchisme , avec une sagesse et une piété qui montraient combien le Seigneur parlait à son cœur dans ces heureux moments.

Il y a à peu près deux ans, le bon Dieu , qui voulait envoyer à ses chers parents une des plus cruelles épreuves , permit que tout à coup ce pauvre enfant éprouvât dans une cuisse une douleur très-vive , qui malgré les soins de médecins habiles , occasionna un déboîtement des os qui le laissa estropié , et détermina une large plaie qu'il conserva jusqu'à la mort. Mais malgré cette infirmité et les douleurs qui l'accompagnèrent, après les premiers mois de traitement, son grand courage et son amour de la science le firent se traîner avec de petites béquilles à l'école de l'établissement, où, par son application et sa sagesse , il était l'exemple de tous ses petits camarades. Il semblait aussi qu'au fur et à mesure que la nature extérieure se détruisait, son intelligence se développait au contraire, et il devint un des élèves les plus instruits de la classe.

Souvent je le voyais à la maison , pendant que les autres enfants de l'école étaient à courir ou au jeu, étudier sa grammaire ou bien lire des livres instructifs et édifiants ; c'était sa récréation même sur son lit de souffrance et peu de jours avant sa mort.

Si son courage le faisait se traîner à l'école, tout infirme et souffrant qu'il était, sa piété le portait surtout à l'église, où il semblait qu'il aurait voulu demeurer toujours. Je le voyais arriver le dimanche avec ses béquilles, un grand quart-d'heure avant la grand'messe, se placer dans un petit coin du sanctuaire où il demeurait immobile, priant jusque bien longtemps après que les fidèles s'étaient retirés. A l'office du soir, c'était la même exactitude, le même zèle et la même piété.

Il ne manquait jamais de venir de temps en temps à confesse et s'y préparait sérieusement, avec la piété d'un chrétien qui comprend la nécessité et l'importance de cette action. Il se faisait aussi l'obligation d'accomplir à genoux sa pénitence, malgré la douleur que lui causait son infirmité. C'est ainsi qu'il resta à genoux pour réciter tout un rosaire le jour de la fête du premier dimanche d'octobre, et comme il revenait de l'église n'en pouvant plus, il répondit à sa mère qui lui en faisait un tendre reproche, qu'il avait cru y être obligé.

Il y a deux mois à peu près, la force
du mal l'ayant contraint de rester tout-à-
fait cloué sur son lit, il me fit appeler par
sa mère, voulant absolument se confesser ;
j'allai aussitôt près de lui pour satisfaire
son pieux désir, et je fus si édifié des sentiments qu'il manifesta dans ce moment, que
je lui proposai de lui faire faire, dès le lendemain, sa première communion dans son
lit. J'y étais encore déterminé par le danger
de sa position, car, de l'aveu du médecin de
l'établissement, cette petite nature si frêle
et si épuisée pouvait s'éteindre d'un moment
à l'autre. A la proposition que je lui fis de
cette précieuse faveur,— « Oh! M. le curé,
» me dit-il, que je suis content de faire ma
» première communion! Mais j'ai peur!»—
«De quoi aurais-tu peur, mon petit enfant? lui
» dis-je?»—J'ai peur de n'être pas assez bien
» préparé.»—«Eh bien, mon fils, dis, ce soir,
» au bon Dieu, et répète souvent pendant la
» nuit quand tu seras éveillé : Mon Dieu,
» préparez vous-même mon cœur au bon-
» heur de vous recevoir !... Donnez-moi

» toutes les vertus que vous désirez trouver
» dans mon âme!... »

A peine étais-je sorti d'auprès de lui que sa bonne et tendre mère, qui craignait peut-être que cette touchante cérémonie ne fît une trop vive impression sur son esprit, qui ne l'avait point encore envisagée d'une manière si prochaine, lui dit : « Mon cher enfant, rien ne presse ; si tu veux, je dirai à M. le Curé de remettre cette cérémonie à un autre jour. »

— « Voilà comme vous êtes, vous autres ; vous voudriez attendre que je ne fusse plus capable de rien pour me faire faire cette grande action-là... Non, puisque M. le Curé pense que je suis assez disposé, je la ferai demain. »

Le lendemain matin, je lui portai son divin Maître, dont son esprit et son cœur avaient été occupés pendant toute la nuit. Quand il le vit arriver dans sa maison, le pauvre enfant, qui était assis sur son lit et tenait un cierge allumé à la main, se mit à réciter tout haut les actes avant la communion.

J'avais le cœur bien ému, car jamais je n'avais trouvé des sentiments de foi et de piété si vifs dans un enfant de cet âge. Je lui adressai une courte exhortation, qu'il écouta les yeux baissés et d'un air recueilli, puis je déposai sur sa langue le Dieu qui trouva ses délices à bénir et caresser les petits enfants...

Jésus était dans son cœur !... Je vis alors ce pauvre enfant fermer les yeux, joindre ses petites mains et l'adorer en silence, pendant que je lui suggérais des sentiments d'amour et de reconnaissance pour l'inestimable faveur que le Seigneur venait de lui accorder.

Il voulut ensuite réciter tout haut encore les actes après la communion. Il pria ensuite pour son père, pour sa pieuse mère, pour ses sœurs, et reçut la bénédiction du St-Sacrement.

A partir de ce moment, jusqu'à l'instant de sa mort, qui arriva plus d'un mois après, rien de plus touchant que les réflexions et les conversations vraiment au-dessus de son âge, qu'il adressait surtout à sa mère et à quelques personnes qui l'approchaient. Ainsi le lendemain de sa communion il disait : « O » mon Dieu, que je suis heureux ! Mon » cœur est si rempli de paix et de contente-» ment qu'il semble que je ne souffre plus. » Vois, toi qui me disais que le monde au-» rait trouvé ça drôle de me voir communier, » pourtant j'ai vu tout le monde pleurer » quand M. le Curé prêchait; j'avais grand' » envie d'en faire autant, mais il ne me ve-» nait point de larmes... J'espère que ça » fera aussi quelque chose sur le cœur de » de mon cher papa. — Mais, mon fils, » ton père est bien bon et a dans son cœur » le plus grand respect pour toutes les

» choses de la religion.»—«C'est vrai, mais
» tu sais bien qu'il n'a point l'essen-
» tiel et qu'il ne peut pas aller au ciel s'il
» ne communie point. »

Un autre jour, il disait encore à sa mère :
« Toi qui étais si fière de ma sœur et de
» moi quand nous étions bien habillés , et
» que le monde nous regardait , vois-tu,
» mon corps s'en va et sera bientôt tout en
» pourriture? Je sens que mes jours sont
» comptés. » Comme sa sœur ne pouvait
s'empêcher de sourire en l'entendant prê-
cher de la sorte, il lui dit : « Tu te moques
» de moi ! mais tes jours sont comptés aussi
» à toi , et peut-être que le bon Dieu a écrit
» dans son grand livre que tu mourras cette
» nuit. »

Il trouvait une grande consolation à
entendre sa mère réciter le chapelet auprès
de son lit et à le réciter avec elle quand ses
forces le lui permettaient, et quand il ne
pouvait plus parler il le suivait de cœur

ou bien le répétait tous bas. Mais au
moment où sa mère se retirait, il lui disait
avec une douceur ineffable, dont le souvenir l'attendrissait encore au moment
qu'elle me le racontait : « Adieu, ma bien
» bonne mère, bonsoir! va te reposer, dors
» bien, bonne santé ! »

Quand elle venait près de son lit le matin,
elle le trouvait ses petites mains jointes et
priant, et il lui faisait signe de s'éloigner un
peu jusqu'à ce qu'il eût achevé sa prière.

Dans les derniers temps de sa maladie,
ses douleurs étaient excessives ; il lui semblait que tous ses membres étaient brisés ;
d'affreuses coliques le tourmentaient jour
et nuit, la fièvre le minait intérieurement,
et son sang qui se décomposait occasion-
nait tantôt l'enflure du visage, tantôt celle
d'une autre partie du corps ; néanmoins,
jamais on ne l'entendait pousser une plainte.
« Je ne m'ennuie point quand tu es là,
» ma pauvre mère, parce que tu me parles

» du bon Dieu. Je regarde quelquefois la
» pendule, et je vois que les heures pas-
» sent bien vite... N'est-il pas vrai que ce
» que fait le bon Dieu est bien fait ? Car,
» vois, si c'était mon père qui serait à ma
» place, comme nous serions tous malheu-
» reux ! au lieu que moi, si je reste comme
» je suis, infirme et estropié, la famille ira
» toujours son train, et je tâchérai d'être
» votre consolation en servant fidèlement
» le bon Dieu. Mon bonheur sera d'appro-
» cher des sacrements avec toi, ma bonne
» mère, à toutes les grandes fêtes de l'an-
» née. »

Le pauvre enfant faisait encore des réflexions pleines de sagesse sur ce qu'il voyait
et entendait autour de lui ; c'est ainsi qu'il
disait un jour, après le départ d'un jeune
homme qui venait de se vanter de se don-
ner bien du plaisir sur la Montagne. « Vois-
» tu, il ne pense plus à sa pauvre mère,
» qui est morte il y a quelques mois ! Elle
» qui était si bonne pour lui ! Ne ferait-il

» pas beaucoup mieux de ménager son ar-
» gent pour faire dire des messes pour
» elle?.. Vois, si c'était moi, je ne t'oublie-
» rais point, et j'aimerais mieux aller prier
» sur ta tombe que d'aller courir à la Mon-
» tagne. — Tu sais que M. le Curé, dans
» son sermon, appelle la terre un exil. Ne
» vois-tu pas que c'est bien vrai? Pour
» moi, je sens que je suis déjà bien vieux
» sur la terre, et quand j'entends parler
» de plaisir, je vois que tout cela n'est rien,
» et que ça ne mérite même pas qu'on y
» fasse attention. »

J'aimais à aller chaque jour m'édifier
auprès de ce cher enfant et à lui suggérer
des pensées chrétiennes qu'il comprenait si
bien et dont il profitait d'une manière si
admirable, et j'en revenais toujours plus
disposé à répéter avec Notre-Seigneur :
Confiteor tibi, Pater, Domine cœli et ter-
ra, quod abscondisti hæc à sapientibus,
et prudentibus, et revelasti ea parvulis.

Etiam Pater : quoniam sic placuit ante te.
(Luc. 10 21.)

La veille de sa mort, voyant que ses bronches se remplissaient, et que sa respiration était plus pénible, je m'approchai de son lit pour le confesser et le disposer à l'extrême-onction. Alors il se tourna avec promptitude sur son côté malade, comme si la ferveur de sa piété l'eût rendu insensible à la douleur.

Après qu'il se fut confessé, pendant qu'on faisait les préparatifs de la cérémonie, je lui dis : « Tu prieras pour nous, mon fils, » quand tu seras chez le bon Dieu?» — «Oui, » M. le Curé, me dit-il, je prierai pour » vous, pour mes chers parents et pour » toute la paroisse. »

Je lui donnai ensuite le sacrement des infirmes, l'indulgence plénière, et le laissai dans une grande paix.

Le lendemain matin, je revins près de lui, et comme je savais qu'il désirait avoir un souvenir de sa première communion, je lui dis : « Mon petit enfant, je vais t'en-
» voyer un souvenir du plus beau jour de
» ta vie, ta première communion, mais je
» ne me rappelle plus quel jour c'était; te
» le rappelles-tu toi-même? » Le pauvre enfant agonisant se mit à réfléchir un moment et me dit : « C'était le lendemain de
» l'Immaculée Conception de la sainte
» Vierge, le 9 décembre. »

Quand il reçut cette image, avec le petit livre qui l'accompagnait, il s'écria : « Oh!
» quel beau souvenir ! Je vais lire ce livre-
» là ! » Il n'en eut pas la force, ses yeux ne pouvaient plus se fixer longtemps sur un objet, et ses petites mains mourantes ne pouvaient plus se soutenir; cependant, pour le contenter, il fallut laisser l'un et l'autre sur son lit.

Sa voix presque éteinte ne pouvait plus

réciter de prières, mais il y suppléait par l'invocation des saints Noms de Jésus et de Marie, qu'il répétait de temps en temps, en tenant un petit crucifix que je lui avais donné. Pendant toute la nuit, ses douleurs furent on ne peut plus vives, et pourtant jamais une plainte ne sortit de ses lèvres. Un peu avant sa mort, la garde dont il tenait les mains lui dit : « M'aimes-tu ? » — « Oui, je vous aime, et j'aime aussi mes » chers parents. » Quelques moments après il poussa un soupir ; c'était le dernier ; son âme était dans les mains de son Créateur.

Ainsi mourut, à l'âge de huit ans et onze mois, Ernest-Jean-Baptiste Kermabon, qui, dès sa plus tendre jeunesse, avait été prévenu des dons les plus précieux de la nature et de la grâce.

Il semble qu'il ait fait sentir déjà à ses parents quelque chose du crédit dont il jouit près de Dieu, en leur obtenant la résignation la plus chrétienne, car, après les premiers sanglots, sa chère mère eut le courage de venir réciter tout haut le chapelet auprès de son petit ange, avec les personnes qui le veillaient, et son père était à la tête du nombreux convoi qui l'accompagnait à sa dernière demeure.

J'espère surtout que le souvenir vivant des vertus précoces de ce pieux enfant sera dans sa famille un puissant excitatif à la pratique de tous leurs devoirs religieux, et qu'il leur en obtiendra la grâce devant Dieu.

Son père et sa mère ont voulu signer avec nous ce petit abrégé pour confirmer de nouveau les détails qu'ils m'ont fournis.

Voici quelques paroles que son père doit faire inscrire sur son tombeau :

Pourquoi pleurer celui qui vole auprès des Anges
    Goûter le souverain bonheur?
C'est là qu'il vous attend en chantant les louanges
    De Dieu votre consolateur:

Chers parents que j'aimais. Bon père ! Mère tendre !
Je ne vous oublierai jamais.
Toujours auprès de Dieu ; oui, je ferai descendre
Dans vos cœurs son amour et ses divins attraits !

CH. GUILLET, Curé.
KERMABON, ANDRÉ.
ONÉSIME.

J.-M.-J. — Grand-Séminaire de Nantes , le 3 mars 1847.

Qui a Jésus a tout.

MON BON CURÉ ,

Avant de vous remercier sur l'envoi de cette présente Notice , je voulais pouvoir vous dire l'effet qu'elle a produite sur nos jeunes séminaristes : il a été complet.

Les voilà pénétrés du zèle le plus ardent de se consacrer aux soins particuliers des enfants, en considérant les fruits délicieux qu'on en recueille.

Ce petit est à ravir, et nous en sommes tous embaumés.

Il n'y a pas à prier pour lui : il est en paradis. Mais tous nos cœurs sont tournés vers Dieu , vers la très-sainte Vierge , pour demander la consolation du Ciel sur ses intéressants parents , la bénédiction divine sur l'heureux père de ce bienheureux enfant. Ne doutez pas qu'il fasse bientôt votre joie parfaite et celle des anges. Nos prières lui sont acquises, et les vœux du petit seront exaucés. La signature qu'il a apposée est un gage de ses sentiments.

Merci pour moi, pour nous, pour nos séminaristes : nous prions pour le pasteur et le troupeau.

Toujours votre frère et serviteur en Dieu.

-V. FÉRET.